Diversjon

Om hvordan. Og hvorfor.

Vi strever.

For å bedras....

Bo Kenneth

© Bo Kenneth 2018

Förlag: BoD – Books on Demand, Stockholm, Sverige

Tryck: BoD – Books on Demand, Norderstedt, Tyskland

ISBN: 978-91-7699-8304

Fortellinger.

Fallbyr og fornyer forestillinger.

Som forutsetninger.

For fortellinger.

Fortellinger.

Fordrer og fremhever forestillinger.

Som mytifiserer.

Som motiverer. Og muliggjør. Narrativ
manipulasjon.

Og regenerativ re-presentasjon.

Fortellinger.

> Utallige fortellinger.
>
> Forskjellige fortellinger.
>
> Som likevel er like.
>
> Som uttrykk. For fordringer.
>
> Om å fallby. Og fornye.
>
> Former for fiksjon.

* * *

Fiksjon.

> Som uttrykk. For diversjon.
>
> For fordringer. Om å fallby fiksjon.
>
> Som Mer. Enn fiksjon.
>
> Som utgangspunkt.
>
> For hva vi gjør.
>
> For å fremheve. Og forsvare.
>
> Hva vi gjør.

Fiksjon.

> Som mytifiserer.
>
> Som motiverer. Og muliggjør.
>
> Hva vi gjør.
>
> For å fremheve. Og fornye. Fiktive forestillinger.
>
> Som forutsetninger.
>
> For hva vi gjør.

Fiksjon.

> Som fremheves. Og forsvares.
>
> Som uttrykk. Og utgangspunkt.
>
> For grunnleggende. Og allmenndannende.
>
> Diversjon.

* * *

Diversjon.

Som begrep.

Betegner. Og betoner. Et omfattende tema.

Et praktisk talt altomfattende tema.

Som belyser. Og beskriver. Et praktisk talt altomfattende problem.

Oppstått. Og opprettholdt. Ved hva vi gjør.

For å forsvare. Og fortrenge.

Hva vi gjør.

* * *

Om å streve.

Vi strever.

    Angivelig. For å leve.

    For å overleve.

    Som forutsetning. For å streve.

Vi strever.

    Ut fra forestillinger.

    Som forutsetninger. For fordringer.

    Om å streve.

Vi strever.

    Ut fra forestillinger.

    Som fordrer fortsatt strev.

    For å bestå.

    For å fremstå. Som fundament. Og formål.

    For fortsatt strev.

Vi strever.

    Ut fra forestillinger.

    Som motiverer hva vi gjør.

    For å mytifisere. Og muliggjøre.

    Hva vi gjør.

* * *

Hva vi gjør.

    For å leve.

    Ut fra fordringer. Om å streve.

    For å fremheve.

    Forestillinger om Mer.

Hva vi gjør.

    For å fremheve Mer.

    Som fundament.

    For å fordre Mer.

Hva vi gjør.

    For å fremheve andre.

    Som fordrer Mer. Enn andre.

    For å fremheves. Som Mer.

    Ut fra andres strev.

Hva vi gjør.

> For å fornye. Og forsvare.
>
> Forestillinger. Om Mer.
>
> Som fundament.
>
> For allment strev.

Hva vi gjør.

> For å fornye. Og forsvare.
>
> Forestillinger. Om allment strev.
>
> Ut fra fordringer.
>
> Om Mer.

Hva vi gjør.

    Ut fra forestillinger. Om Mer.

    Som fundament.

    For fordringer. Om andres strev.

    For å fordre Mer.

* * *

Mer.

En illusorisk idé.

Samtidig abstrakt. Og formentlig konkret.

Naiv. Og iboende relativ.

Som et alltid ufullstedig utgangspunkt. For aldri endelige fordringer.

Om Mer.

Mer.

Som et alltid underliggende og overordnet formål.

For uoppnåelige fordringer.

Om Mer.

Mer.

Av hva som anses. Og oppfattes. Som Mer.

Som sees å symbolisere Mer.

Ut fra fordringer. Om Mer.

Ut fra allment strev.

For å definere. Og differensiere.

Hva vi fremhever. Som Mer.

Mer.

Som målestokk. For ikke nok.

For forventninger. Og fordringer. Som
signaliserer savn.

Som fremhever. Og forsterker. Fravær. Av Mer.

Fravær. Av hva vi fremhever. Og forsterker. Ved
hva vi gjør.

For å fallby. Og forsvare.

Forestillinger om Mer.

Mer.

Som flyktig fundament. For hva vi gjør.

For å forsvare hva vi gjør.

For å motivere. Og mytifisere. Hva vi gjør.

Ut fra forestillinger. Og fordringer.

Som legitimerer. Og legaliserer. Hva vi gjør.

For å fordre Mer.

* * *

Vi strever.

>For å fordre Mer.

>Som formål. Og forutsetning. For fortsatt strev.

>Som fundament. For allment strev.

>Ut fra forestillinger. Og fordringer.

>Om Rett.

>Som fundament. For å fordre Mer.

* * *

Rett.

Som Rett.

Til å formulere forestillinger. Og fordringer. Om
forrett.

Ut fra forestillinger og fordringer. Formulert og
fortolket.

Forsvart og formidlet.

Som Rett.

Rett.

Formulert. Som forsvar.

For forestillinger. Og fordringer. Om forrett.

Fremfor andres forestillinger. Og fordringer.

Om Rett.

Rett.

Formulert. Som forsvar.

For forestillinger. Og fordringer.

Om fravær.

Av andres Rett.

Rett.

>Som fundament. For allment strev.
>Ut fra andres fordringer.
>Om Rett.

Rett.

>Som fundament.
>For å fordre andres strev.
>For å fordre Mer. Enn andre.
>Ut fra fravær. Av allmenn Rett.
>Til å fordre fravær. Av andres fordringer. Om

Mer.

>Ut fra andres strev.

Rett.

>Som fundament.
>For fravær. Av allmenn Rett.
>Til å fordre fravær. Av forestillinger. Og

fordringer.

>Om Rett.

Rett.

        Som form. Og fundament. For å forlede.

        Som basis og betingelse. For å bedra og betvinge.

        Som uttrykk. Og utgangspunkt. For urett.

        Formulert. Og forsvart.

        Som Rett.

* * *

Vi strever.

     Ut fra forestillinger. Og fordringer.

     Om allment strev.

     For å fremheve. Og forsvare. Forestillinger. Og fordringer.

     Som fremhever og forsvarer.

     Hva vi gjør.

Vi strever.

     Motivert av Mer.

     Av forestillinger. Og fordringer. Som idealiserer Mer.

     Som idealiserer allment strev. For å fordre Mer.

     For å mytifisere Mer.

     Ut fra forestillinger. Og fordringer.

     Om Ting. Og Tall. Som Tegn.

     For Mer.

* * *

Tall.

> Som Tegn.
>
> Som definerer. Og differensierer.
>
> For å mytifisere.
>
> For å forvandle Ting. Til Tegn.
>
> Og forvandle alt. Til Tall.
>
> For å fallby forestillinger. Om Tall. Som Tegn.
>
> For Mer. Enn Ting.

Ting.

Som Tegn.

Som konkretiserer Mer. Og objektifiserer
forestillinger. Om Mer.

For å foredle. Og forlede.

For å manipulere. Og mytifisere. Ting som Tegn.

For Mer. Enn Mer.

Ting

Som Tegn. Som fordrer Tall.

For å kunne kalkuleres. Og kvantifiseres.

Som Tegn. For Mer. Enn Tall.

Som målestokk. For Mer.

Tall.

        Og Ting. Som Tegn.

        Som idealiserer Ting. Og Tall.

        Som fundament. For forestillinger.

        Om å fallby Ting. For Tall.

        Og fordre Tall. For Ting.

        Som forutsetning. For å fordre Ting.

Tall.

        Og Ting.

        Som motiverer. Og mytifiserer. Hva vi gjør.

        Som muliggjør hva vi gjør. For å fordre Tall. Og

Ting.

        Som formål. Og forutsetning.

        For å streve.

        Og leve.

Tall.

> Og Ting. Som tvinger.
>
> Som dikterer. Og dominerer.
>
> Som normerer. Og normaliserer. Hva vi gjør.
>
> For å fordre og fallby. Tall og Ting.
>
> Som fundament. Og forutsetning.
>
> For å fordre Mer. Enn Mer.

Tall.

> Og Ting. Som målestokk.
>
> For hva vi gjør.
>
> For grenseløs grådighet.
>
> Som basis og betingelse. For hva vi gjør.
>
> Uansett hva vi gjør.

* * *

Om strev. Som strid.

Vi strever.

> Formentlig. For å leve.
>
> Som forutsetning.
>
> For å streve.

Vi strever.

> Ut fra forestillinger. Og fordringer.
>
> Om å streve.
>
> Som forutsetning.
>
> For å leve.

Vi strever.

> For å lære. Å streve.
>
> For å belæres. Og skoleres.
>
> Til å streve.
>
> Uten å ha lært. Å leve.

Vi strever.

    Formentlig. For å overleve.

    Ut fra andres fordringer.

    Om å leve.

Vi strever.

    Ut fra andres fordringer.

    Om Mer. Enn andre.

    For å fremheves. Fremfor andre.

    Ut fra andres strev.

Vi strever.

    Blant andre.

    Ut fra fordringer. Om forrett. Og forrang.

    Fremfor andre.

    Som forsvar.

    Blant andre.

    Sett som motstandere.

* * *

Forrett.

      Som fordring.

      Om forrang.

      Fremfor andre.

      Som fordrer forrett.

Forrett.

      Som fordring. Om forrang.

      Som form for Rang.

      Som fordring.

      Om forrett.

Forrang.

> Som fordring.
>
> Om aktelse. Og autoritet.
>
> Ut fra aggressivitet.
>
> Og grådighet.

Forrang.

> Som uttrykk. For frykt.
>
> Uttrykt. Som aggressivitet.
>
> Maskert. Som rivalitet.
>
> Motivert. Av Mindreverdighet.

Forrang.

      Som uttrykk. For frykt.

      Og fornedrelse.

      Som utgangspunkt. For underkastelse.

      Og fordringer om anerkjennelse.

      Av forestillinger. Om forrang.

* * *

Fornedrelse.

> Som utgangspunkt. For frykt.
>
> Og fordringer. Om Rang. Og respekt.
>
> Som uttrykk. For fravær.
>
> Av selvrespekt.

Fornedrelse.

> Som følelse. Som forleder.
>
> Som definerer. Og differensierer.
>
> Som rangerer. Og degraderer.
>
> Ut fra frykt.
>
> Og fordringer om selvhevdelse.
>
> Som uttrykk. For underkastelse.
>
> Og selvfornyende selvfornedrelse.

Fornedrelse.

Forkledd.

Som fordringer om Mer.

Ut fra frykt.

For fravær. Og Mindreverdighet.

Fornedrelse.

Forsvart.

Av forrestillinger. Om Ting. Og Tall. Som Tegn.

Som symboler.

For fordringer. Om fravær.

Av frykt. Og fornedrelse.

Fornedrelse.

Maskert.

Som fordringer om andres strev.

For å fremheves. Fremfor andre.

Som uttrykk. Og utgangspunkt.

For en slags kamp.

Opprettholdt. Av allment strev.

Som form for strid.

* * *

Strev.

> Som strid.
>
> For å overleve.
>
> Ut fra frykt. Og fornedrelse.
>
> Som utgangspunkt.
>
> For å streve.

Strev.

    Som strid.

    Som fordrer frykt. For andre.

    Som fundament.

    For forestillinger. Om andre.

    Som motstandere.

Strev.

    Som strid.

    Som fordrer frykt. Blant andre.

    Som utgangspunkt.

    For å fordre Mer. Enn andre.

    Ut fra andres strev.

Strev.

    Som strid.

    Som fordrer frykt.

    Som fundament. For allment strev.

    Ut fra fordringer.

    Om andres strev.

Strev.

    Som strid.

    Fordrer frykt.

    Forvart. Av vold.

    Som form. For å fornye frykt.

Strev.

    Som strid.

    Fordrer og fornyer frykt.

    Som utgangspunkt. For aggressivitet.

    Opprettholdt. Av Mindreverdighet.

    Og allment strev.

* * *

Frykt.

    Som fundament.

    For å forledes. Og fornedres.

    Ut fra forestillinger. Og fordringer.

    Om å fremheves.

Frykt.

    Som fundament.

    For fordringer.

    Om anerkjennelse.

    Ut fra underkastelse.

    Og fornedrelse.

Frykt.

    Opprettholdt.

    Ut fra hva vi gjør.

    For å forsvare. Og fortrenge.

    Hva vi gjør.

Frykt.

Uttrykt. Og utbredt.

Som angst.

Som grunnleggende. Og alltid underliggende
angst.

Som hemmende. Og bestemmende. Og
allmenndannede angst.

Som danner basis. For å forledes. Og fornedres.

Ut fra frykt.

Opprettholdt. Som angst.

* * *

Angst.

Som følelse. Av fravær og fornedrelse.

Som uttrykk. For fravær. Av forståelse.

Uttrykt. Som underkastelse.

Som utgangspunkt.

For angst. Og fornedrelse.

Angst.

Tildels irrasjonell. Og likevel reell.

Destruktiv. Og degenerativ.

Og regenerativ.

Som uttrykk. Og utgangspunkt. For strev. Som

strid.

Som fordrer og fornyer frykt.

Og angst.

Angst.

> Opprettholdt.
>
> Av hva vi gjør.
>
> For å opprettholde forestillinger. Og fordringer.
>
> Som opprettholder allmenn angst.

Angst.

> Som basis. Og bakgrunn.
>
> For strev. Og strid.
>
> Som basis. Og bakgrunn.
>
> For allmenn angst.

Angst.

> Som basis. Og betingelse.
>
> For å bedras. Og betvinges.
>
> Ut fra forestillinger. Og fordringer.
>
> Motivert. Av allmenn angst.

Angst.

    Som følelse.

    Av fravær. Og fornedrelse.

    Som utgangspunkt. For underkastelse.

    Og aggressivitet.

Angst.

    Som uttrykk. For uro. Og usikkerhet.

    Uttrykt. Som aggressivitet.

    Og fordringer. Om fravær. Av angst.

    Og Mindreverdighet.

Angst.

    Som utgangspunkt.

    For strev. Og strid.

    For fordringer. Som opprettholder allmenn angst.

    Som basis. For aggressivitet.

    Og grådighet.

* * *

Aggressivitet.

    Som strev. Og strid.

    For å fallby og forsvare. Forestillinger og
fordringer.

    Som formål. Og forutsetninger.

    For strev. Som strid.

Aggressivitet.

    Som strev. Og strid.

    For å fordre Mcr.

    Som målestokk.

    For angst. Og aggressivitet.

Aggressivitet.

    Som strev. Og strid.

    For å fordre andres strev.

    For å fordre forrett. Og forrang. Fremfor andre.

    Som uttrykk. Og utgangspunkt.

    For selvfornyende aggressivitet.

Aggressivitet.

Motivert av Mer.

Av aldri endelige forestillinger. Og uoppnåelige fordringer.

Som forutsetninger. For uopphørlig strev.

Og grenseløs grådighet.

Aggressivitet.

Motivert av grådighet.

Av forestillinger. Og fordringer. Om Mer. Enn Mer.

Ut fra andres strev.

Aggressivitet.

Forsvart. Og motivert.

Av grådighet.

Av århundrers strev. Og strid.

Opprettholdt.

Av forestillinger. Og fordringer. Som
forutsetninger.

For århundrers aggressivitet.

Og grådighet.

* * *

Grådighet.

> Danner basis.
>
> For fordringer. Om andres strev.
>
> Som utgangspunkt.
>
> For allment strev.

Grådighet.

> Fordrer allment strev.
>
> For å mytifisere Mer.
>
> Og glorifisere grådighet.
>
> Som forsvar. For fordringer.
>
> Om andres strev.

Grådighet.

> Fordrer allment strev.
>
> For å fremheve og forsvare grådighet.
>
> Som formål. Som fundament.
>
> For allment strev.

Grådighet.

Fordrer forestillinger.

Om Ting. Og Tall. Som Tegn.

Som forsvar. Og forutsetninger

For organisert grådighet.

Grådighet.

Fordrer forestillinger. Om Mer.

Som fundament. For fordringer. Om Mer. Enn
Mer.

Ut fra frykt. For fravær. Og Mindreverdighet.

Som utgangspunkt.

For aggressiv grådighet.

Grådighet.

Fordrer aggressivitet.

Som basis. For å beherske. Og betvinge.

Som betingelse.

For grunnleggende. Og allmenndannende.

Grådighet.

Grådighet.

    Som form. For aggressivitet.

    Danner basis. For angst. Og Mindreverdighet

    Som uttrykk. Og utgangspunkt. For avhengighet.

    Av aggressivitet.

    Og grådighet.

* * *

Avhengighet.

    Av aggressivitet.

    Motivert. Av grådighet.

Avhengighet.

    Av aggressivitet.

    Mytifisert. Som rivalitet.

    Som forsvar.

    For aggressiv grådighet.

Avhengighet.

> Utbredt. Som grådighet.
>
> Og fordringer. Om allment strev.
>
> Som fordringer. Om allmenn avhengighet.
>
> Av andres aggressivitet.
>
> Og grådighet.

Avhengighet.

> Utbredt. Som allment strev.
>
> Som uttrykk. For andres avhengighet.
>
> Av andres strev.

Avhengighet.

> Av andres strev.
>
> Som uttrykk. For avhengighet.
>
> Av andres avhengighet.

Avhengighet.

       Som uttrykk. For frykt.

       Utbredt. Som angst.

       Som avhengighet. Av angst.

Avhengighet.

       Som fordrer og fornyer frykt. Og angst.

       Som basis.

       For å bedras. Og betvinges.

       Av forestillinger. Og fordringer.

       Oppstått. Og opprettholdt. Ut fra allmenn angst.

       Og avhengighet.

Avhengighet.

> Som forleder. Og fornedrer.
>
> Som form for tvang.
>
> Uttrykt. Som aggressivitet. Og grådighet.
>
> Som uttrykk.
>
> For selvfornyende avhengighet.

Avhengighet.

> Som bedrar. Og betvinger.
>
> Som en slags sinnslidelse.
>
> Som form for smittsom sinnssykdom.
>
> Uttrykt.
>
> Som århundrers avhengighet.
>
> Av aggressivitet.
>
> Og grådighet.

* * *

Om å bedra. Og bedras.

Vi strever.

> Fremdeles.
>
> For å overleve.
>
> Etter århundrers strev. Og strid.
>
> Uten overlevende.

Vi strever.

> Fremdeles.
>
> Motivert. Av århundrers strid.
>
> Muliggjort.
>
> Av århundrers strev.

Vi strever.

> Fremdeles.
>
> Ut fra forestillinger. Og fordringer. Formulert i
fortellinger.
>
> Om århundrers strev.
>
> Og strid.

* * *

Fortellinger.

    Om århundrers aggresjon.

    Motivert av fiksjon.

    Av fortellinger. Som fallbyr og fornyer
forestillinger.

    Som forutsetninger.

    For århundrers aggresjon.

Fortellinger.

    Om strev. Og strid.

    Som uttrykk. For en slags livslogikk.

    Oppstått. Og opprettholdt.

    Ut fra århundrers aggresjon.

    Motivert. Av fiksjon.

* * *

Fiksjon.

> Som uttrykk. Og utgangspunkt.
>
> For Diversjon.
>
> For fordringer. Om å fornye. Og forsvare.
>
> Former for fiksjon.

Fiksjon.

> Som stimulerer. Og motiverer.
>
> Som mytifiserer.
>
> Som uttrykk. Og utgangspunkt.
>
> For diskursiv manipulasjon.
>
> Og regenerativ Diversjon.

* * *

Diversjon.

> Betegner. Og betoner.
>
> Hvordan. Og hvorfor. Vi strever.
>
> Ut fra fiktive forestillinger.
>
> For å fornye. Og forsvare. Fiktive forestillinger.
>
> Om å streve.

Diversjon.

> Fordrer og fallbyr fiktive forestillinger.
>
> Som fremheves. Og fornyes.
>
> For å forlede. Og fornedre.
>
> For å fremheve. Som form for å forlede.
>
> Og fornedre.

Diversjon.

> Fallbyr og fremhever fiksjon.
>
> Som Mer. Enn fiksjon.
>
> Som forsvar. For hva vi gjør.
>
> For å fremheve og forsvare. Fordreie og fortrenge.
>
> Hva vi gjør.

Diversjon.

Mytifiserer. Og motiverer. Hva vi gjør.

For å muliggjøre.

Hva vi gjør.

Diversjon.

Forleder. Og fornedrer.

Som fundament. For hva vi gjør.

For å fremheve og forsvare. Blendverk og Bedrag.

Som basis og betingelse.

For hva vi gjør.

Diversjon.

Formulert. Som fatal fiksjon.

Fordrer strev. Og strid.

For å fremheves. Og forsvares.

Som skremmende. Og bestemmende.

For hva vi gjør.

Uansett hva vi gjør.

* * *

Fatal fiksjon.

>Forleder. Og fornedrer.
>
>Ut fra frykt. Og angst.
>
>Fremkalt. Og opprettholdt. Som fundament. Og

formål.

>For fatal fiksjon.

Fatal fiksjon.

>Forleder. Og fornedrer. Ut fra frykt.
>
>For fravær. Og forfall.
>
>Fremstilt. Som Syndefall.
>
>Som betegnelse. For guddommelig forvisning.

Og fordømmelse.

>Ut fra fravær.
>
>Av ubetinget underkastelse.

Fatal fiksjon.

> Fallbyr forestillinger.
>
> Om en hard og hensynsløs realitet.
>
> Som utgangspunkt. For århundrers aggressivitet.
>
> For ødeleggende strev. Og tilintetgjørende strid.
>
> Som uttrykk. For naturlig rivalitet.

Fatal fiksjon.

> Fallbyr forestillinger.
>
> Om naturlige betingelser.
>
> Om en absolutt og altomfattende realitet.
>
> Som fordrer aggressivitet. Og grådighet.
>
> For å bestå.
>
> For å fremstå.
>
> Som utgangspunkt.
>
> For selvfornyende selvdestruktivitet.

Fatal fiksjon.

> Fremhever en biologisk basis.
>
> Som bakgrunn. For hva vi gjør.
>
> Som naturliggjør. Hva vi gjør.
>
> Som forsvar. For personifisert primitivitet.
>
> Og biologisk basert brutalitet.

Fatal fiksjon.

>Glorifiserer. Og guddommeliggjør.

>Som forsvar. For århundrers aggresjon.

>Og manipulasjon.

>Omtalt. Som sivilisasjon.

Fatal fiksjon.

>Mytifiserer. Og glorifiserer.

>Som forsvar. For destruktive skikkelser.

>Som fremstår.

>Som fatale.

* * *

Fatale.

Fremstår.

Som forholdsvis få.

Som fatalt. Og katastrofalt. Asosiale.

Omgitt. Av asosiale føydale.

Som fordrer fatale. Som forutsetninger.

For føydale.

Fatale.

Fremstår. Tidvis. Som føydale.

Som mafiøse høvdinger. Og herskere.

Som overhoder. Og opphav.

Til århundrers ødeleggelse. Og vandalisme.

Nød og død.

Fatale.

Opptrer tidvis som despoter.

Og perverterte potentater.

Som fordrer pomp og prakt.

For å fremstå. Som Mer.

Enn fremstående psykopater.

Fatale.

> Forefinnes i kulissene.
>
> Som bakgrunnsfigurer.
>
> Som en slags skyggeskikkelser.
>
> Som tilstedeværende. Uten å være tilstede.
>
> Som utgangspunkt.
>
> For praktisk talt alt ondt.

Fatale.

> Fordrer føydale.
> Som forsvar.
> For fatale.

Fatale.

> Fordrer føydale.
> Som mytifiseres. Og glorifiseres.
> For å mytifisere. Og glorifisere.

Fatale.

> Fordrer føydale. Som forgrunnsfigurer.
> Som fremheves. Som Mer.
> Ut fra fordringer.
> Om Mer.

Fatale.

> Fordrer føydale. Som fordrer Mer.
> For å personifisere Mer.
> Og fremstå. Som Mer.
> Enn asosiale.

Fatale.

    Fordrer flokker.

    Som forsvar.

    Blant fatale.

    Og føydale.

Fatale.

    Fordrer flokker.

    Som forsvar. For føydale.

    Som fremheves. Som forsvar.

    For fatale.

Fatale.

    Og føydale.

    Fordrer flokker.

    Som forsvar. For forestillinger. Og fordringer.

    Formulert.

    For å forlede flokker.

Fatale.

    Og føydale.

    Fordrer flokker.

    Som fler.

    Som form for Mer.

    Som forsvar. For fordringer.

    Om Mer. Enn Mer.

* * *

Flokker.

> Som fordrer. Og fremhever føydale.
> Som fokus.
> For flokker.

Flokker.

> Som fremhever føydale.
> Ut fra frykt. For flokker.
> Uten føydale.

Flokker.

> Som forum. For frykt.
> For fatale.
> Og føydale.

Flokker.

> Oppstått. Og opprettholdt.
>
> Ut fra frykt.
>
> For fravær. Av flokker.

Flokker.

> Som forum. For å fornye frykt.
>
> For flokker.
>
> Blant flokker.

Flokker.

> Som uttrykk. For frykt.
>
> Uttrykt.
>
> Som fordringer. Om føydale.
>
> Og fatale.

Flokker.

> Som fundament.
> For fordringer. Om vold.
> For å fornye frykt.
> Som fundament.
> For å fordre vold.

Flokker.

> Som fordrer vold.
> Ut fra frykt. For fravær.
> Av frykt.

Flokker.

> Som fundament. For å fordre vold.
> For å fornye frykt.
> For fatale.
> Og føydale.

* * *

Føydale.

Og fatale.

Fordrer frykt. Blant andre.

Ut fra frykt. For andre.

Og hverandre.

Føydale.

Som fatale.

Fordrer frykt. For å fornedre.

Som fundament.

For å forlede.

Føydale.

Som fatale.

Fordrer frykt.

For å forlede. Og fornedre.

Som fundament. For å glorifisere.

Og guddommeliggjøre.

Føydale.

  Som fatale. Fordrer frykt.

  Som fundament.

  For forestillinger. Og fortellinger.

  Som glorifiserer. Og guddommeliggjør. Føydal

fiksjon.

  Formulert. Og forsvart.

  For mytifisere. Og muliggjøre.

  Føydal aggresjon.

* * *

Føydal fiksjon.

> Formulert.

> Som fundament. Og forsvar.

> For føydale. Og fatale.

Føydal fiksjon.

> Formulert.

> For å fallby. Og fornye. Fiktive forestillinger.

> Om helter. Og herskere.

> Om herskere. Som helter.

> Glorifisert. Og guddommeliggjort.

> Ut fra fordringer.

> Om Mer.

Føydal fiksjon.

> Formulert.

> For å fremheve føydale. Og fatale.

> Ut fra frykt. Og fornedrelse.

> Som utgangspunkt.

> For allmenn underkastelse.

Føydal fiksjon.

        Forleder. Og fornedrer.

        Som fatal fiksjon.

        Som ikke sees. Som fiksjon.

        Som fremheves. Som skremmende. Og likevel bestemmende.

        Som form. Og fundament.

        For forkynnende. Og forblindende.

        Manipulasjon.

Føydal fiksjon.

        Forleder. Og fornedrer.

        Som doktrinær. Og sirkulær. Repetisjon.

        Av forestillinger. Og fortellinger.

        Om århundrers strev. Og strid.

        Som uttrykk.

        For grunnleggende. Og allmendannende.

        Aggresjon.

Føydal fiksjon.

Forleder. Og fornedrer.

Som form. For narrativ. Og regenerativ. Re-
presentasjon.

Som fordrer fravær. Av reell og rasjonell
refleksjon.

For å fremheves. Og forsvares.

Som faktisk. Og Historisk. Fiksjon.

Føydal fiksjon.

Fremstår. Som basis.

For å bedra.

Som uttrykk. Og utgangspunkt. For føydalt
Bedrag.

For fordringer.

Om å fremheve. Og fornye. Føydal fiksjon.

Som formål. Og forsvar.

For føydal aggresjon.

* * *

Føydalt Bedrag.

> Fordrer allment strev.
>
> Som fundament. For fordringer.
>
> Om andres strev.

Føydalt Bedrag.

> Fordrer allment strev.
>
> Som fundament. For føydal strid.
>
> For fordringer. Om strev.
>
> Som mer ødeleggende. Og dødbringende.
>
> Enn strid.

Føydalt Bedrag.

>Fordrer. Og fremhever. Aggressivitet.
>
>Motivert. Av grådighet.
>
>Som forsvar.
>
>For føydal destruktivitet.

Føydalt Bedrag.

>Fordrer. Og fallbyr. Forestillinger om Rett.
>
>Forsvart. Av aggressivitet. Og grådighet.
>
>Som fordringer.
>
>Om Rett.

Føydalt Bedrag.

>Fornyes. Og forsvares.
>
>Av forestillinger om Ting. Og Tall. Som Tegn.
>
>Som symboler.
>
>For føydal Rett.
>
>Og grådighet.

Føydalt Bedrag..

> Fordrer vold.
>
> For å betvinge. Og beherske.
>
> Som basis.
>
> For å bedra.

Føydalt Bedrag.

> Fordrer vold. Og frykt.
>
> Som utgangspunkt. For forestillinger.
>
> Om fellesskap. Og felles strev.
>
> Som forutsetninger.
>
> For føydal aggressivitet.
>
> Og grådighet

* * *

Om Føydalisme.

Vi strever.

    For å bedras.

    Som bidrag. Til andres Bedrag.

    Som basis. Og betingelse.

    For føydalt Bedrag.

Vi strever.

> Ut fra andres aggressivitet.
>
> Og grådighet.
>
> Som utgangspunkt.
>
> For allment strev.

Vi strever.

> Ut fra andres avhengighet.
>
> Av allment strev.

Vi strever.

> Ut fra fordringer. Om andres strev.
>
> Som basis.
>
> For å bedras. Og betvinges.
>
> Ut fra allment strev.

Vi strever.

    Som en slags slaver.

    For å erhverve. Og bekoste.

    Hva som fordres.
    For å streve.

Vi strever.

    Som sosialiserte slaver.

    For å erhverve og bekoste. Hva som fallbys.

    Som formål. Og forutsetninger.

    For å streve.

Vi strever.

    Som slaver.

    Ut fra allmenn avhengighet. Av allment strev.

    Som fundament. Og forutsetninger.

    For andres aggressivitet.

    Og grådighet.

* * *

Slaver.

Som strever.

Ut fra frykt.

For fravær. Og fornedrelse.

Som form. For livsbetingelse.

Slaver.

Som strever.

Ut fra fordringer. Om fravær.

Av fravær. Og fornedrelse.

Som utgangspunkt.

For fravær. Av livsutfoldelse.

Slaver.

Som strever.

Ut fra frykt. For fravær. Av strev. Og strid.

Som mer skremmende.

Enn allment Slaveri.

Slaver.

> Som strever.
>
> Ut fra fordringer.
>
> Om altomfattende. Og allmenndannende strev.
>
> Og strid.
>
> Som utgangspunkt.
>
> For allment Slaveri.

* * *

Slaveri.

> Som strev. Og strid.
>
> Ut fra andres fordringer. Og formål.
>
> Ut fra andres vilkår. Og betingelser.
>
> For å bedra. Og betvinge andre.
>
> For å fordre Mer. Enn andre.
>
> Ut fra andres strev.
>
> Og strid.

Slaveri.

> Forsvart.
>
> Av forestillinger.
>
> Om plikt. Og forpliktelse.
>
> Til underkastelse. Og fornedrelse.

Slaveri.

> Som fordring.
>
> Om allmenn underkastelse.
>
> Ut fra andres fordringer.
>
> Om selvhevdelse.

Slaveri.

> Forsvart. Av Tall.
>
> Og Tallmagi.
>
> Som utgangspunkt. For fordringer om frihet.
>
> Ut fra allment Slaveri.

* * *

Tall.

    Som overordnet formål.

    Uansett gjøremål.

Tall.

    Som utgangspunkt.

    For forfall. Og fornedrelse.

    Ut fra fravær.

    Av Tall.

Tall.

    Som basis.

    For å bedras. Og betvinges.

    Ut fra forestillinger. Og fordringer.

    Forsvart. Av Tall.

Tall.

> Som utgangspunkt.
>
> For millioners strev. Og strid.
>
> Ut fra allmenn avhengighet.
>
> Av Tallmagi.

Tall.

> Og Tallmagi.
>
> Som basis. Og betingelse.
>
> For millioners underkastelse. Og fornedrelse.
>
> Og allment Slaveri.

Tall.

> Og Tallmagi.
>
> Som utgangspunkt. For ville horder.
>
> For millioner. Og milliarder.
>
> Som ødelegger. Og legger øde.
>
> For å overleve.

* * *

Ville horder.

    Som vandaler.

    Og kommersielle kannibaler.

    Som kommunister. Og kapitalister.

    Og guds utvalgte kolonister.

Ville horder.

    Som herjende hærskarer.

    Omtalt. Som hærer.

    Som forsvarere.

    Av forestillinger. Om forsvar.

Ville horder.

> Motivert. Av mot.
>
> Og mandighet.
>
> Forsvart.
>
> Av grådighet.

Ville horder.

> Som flokker.
>
> Motivert. Av «makt».
>
> Og frykt.

Ville horder.

> Som fordrer frykt.
>
> Forsvart av vold.
>
> Som uttrykk. For frykt.
>
> Og fordringer.
>
> Om «makt».

Ville horder.

> Fordrer «makt».

> Ut fra frykt.

> Som uttrykk. For en slags logikk.

> Forsvart. Av frykt.

> For fravær. Av frykt.

* * *

En slags logikk.

Som fordrer frykt.

Som utgangspunkt. For forestillinger.

Om Rang. Og respekt.

En slags logikk.

Som fordrer forestillinger.

Om Rang og respekt.

Som uttrykk. For fordringer.

Om å fortrenge frykt.

En slags logikk.

Som fordrer forestillinger.

Om «makt».

Som utgangspunkt. For fordringer. Om å leve.

Ut fra andres strev.

For å overleve.

En slags logikk.

> Som fordrer «makt».
>
> Som fundament.
>
> For fordringer. Om å forlede. Og fornedre.
>
> Som former. For å lede.

En slags logikk.

> Som danner basis.
>
> For å beherske. Og betvinge.
>
> Ut fra fordringer om «makt».
>
> Og frykt.

En slags logikk.

    Som fordrer frykt.

    Og flokker.

    Som fundament. Og forsvar.

    For føydale. Og fatale.

    Forkledd.

    Som føydokrater.

    Som despoter. Og potentater.

    Assistert. Av byråkrater

En slags logikk.

    Forsvart. Av føydale. Og fatale.

    Som parasitter.

    Korrumpert. Av psykopater.

    Som perverterte parasitter.

En slags logikk.

     Som danner basis.

     For forestillinger. Og fordringer. Om Stater.

     Som en slags besittelser.

     Etablert. Og opprettholdt.

     Som betingelser.

     For parasitter. Og psykopater.

     Maskert. Og mytifisert.

     Som føydokrater.

* * *

Føydokrater.

> Som parasitter. Og psykopater.
>
> Fordrer Stater.
>
> Som betegnelse. Og betingelse.
>
> For fordringer.
>
> Om å beherske. Og betvinge.

Føydokrater.

> Og psykopater.
>
> Fordrer Stater.
>
> Som bolverk. Og bastioner.
>
> Forsvart. Som nasjoner.
>
> Som forutsetninger.
>
> For nasjonal. Og global.
>
> Vold.

* * *

Stater.

> Som fristeder. Og forsvar.
>
> For fordringer.
>
> Om suverenitet. Og ukrenkelighet.
>
> Definert. Og differensiert.
>
> Ut fra vold.
>
> Og grådighet.

Stater.

> Forsvart av vold.
>
> Og aggressivitet.
>
> Og forestillinger om fred.
>
> Og sikkerhet.

Stater.

> Definert. Og differensiert.
> Ut fra oppdiktede forestillinger.
> Og fortellinger.
> Forsvart. Av vold.

Stater.

> Opprettholdt.
> Av forestillinger. Og fordringer.
> Om selvhevdelse.
> Ut fra undersåtters underkastelse.
> Og fornedrelse.

Stater.

> Opprettholdt. Og forsvart.
> Som fristeder. For Føydalisme.
> Som uttrykk. Og utgangspunkt.
> For primitiv egoisme.
> Utbredt. Som parasittisme.

* * *

Føydalisme.

    Som parasittisme.

    Kan sees.

    Som samlebetegnelse. Og fellesnavn.

    For andre -ismer.

    Som fordringer.

    Om nasjonal. Og global. Føydalisme.

    Og fascisme.

Føydalisme.

Teoretisert. Som darwinisme.

Fallbyr forestillinger.

Om iboende egoisme.

Uttrykt. Som en ødeleggende og livstruende
kamp.

For overlevelse.

Som «survival of the misfits».

Føydalisme.

Modernisert. Og marxifisert.

Som kapitalisme.

Som form for kannibalisme.

Som fordrer og fremhever. En slags alles kamp
mot alle.

For å erobre. Og erhverve. Andres «makt».

Og «mana».

Føydalisme.

Som kapitalisme.

Fallbys. Som betingelse. For overlevelse.

Og selvhevdelse.

Ut fra andres underkastelse.

Føydalisme.

Som parasittisme.

Fordrer underkastelse.

Som livsbctingclsc.

Ut fra forestillinger. Om selvhevdelse.

Som forutsetning.

For overlevelse.

Føydalisme.

> Fordrer frykt. Og fornedrelse.
>
> Blant andre.
>
> Ut fra frykt. For andre.
>
> Som utgangspunkt.
>
> For å undertrykke andre.
>
> For å undertrykke frykt.
>
> For andre.

Føydalisme.

> Fordrer vold.
>
> Og trussler. Om terror. Og tyranni.
>
> Som forsvar.
>
> For vedvarende Vanvidd.
>
> Og tilbakevendende sammenbrudd.
>
> Som uttrykk.
>
> For en slags selvdestruktiv strategi.

Føydalisme.

    Som form for Voldsvelde.

    Danner basis. Og bakgrunn.

    For århundrers Barbari.

    For utallige kriger. Og massive myrderier.

    Ut fra frykt. Og fornedrelse.

    Og fordringer. Om fravær.

    Av rivaler.

Føydalisme.

    Brutalisert. Som Barbari.

    Kan sees som symptom. For en slags
sinnssykdom.

    En slags grunnleggende galskap.

    Forkledd. Som århundrers Voldsvelde.

    Forsvart. Av allment Slaveri.

Føydalisme.

> Kan sees.
>
> Som uttrykk. For psykopati.
>
> Som en slags smittsom sinnssykdom.
>
> Utbredt. Som århundrers Vanvidd.
>
> Og Idioti.

* * *

Psykopati.

> Fremstår.
>
> Som uttrykk. For «det onde».
>
> Frembragt.
>
> Av «de onde».

Psykopati.

> Som uttrykk.
>
> For angst.
>
> Og avhengighet.
>
> Av andres angst.

Psykopati.

> Motivert. Av «makt».
>
> Og frykt.
>
> Som uttrykk. For Mindreverdighet.
>
> Uttrykt.
>
> Som global aggressivitet.
>
> Og globalisert grådighet.

Psykopati.

> Fremstår. Som form. For Idioti.
>
> Motivert. Av Mer.
>
> Og fordringer.
>
> Om å fremheve. Og forsvare. Parasitter og

psykopater.

> Som Mer.
>
> Enn idioter.

* * *

Idioti.

> Sett som nyttig. Og naturlig.
>
> Ut fra århundrers strev. Og strid.
>
> Forsvart. Av forestillinger. Og fordringer.
>
> Om overlevelse.
>
> Og evig liv.

Idioti.

> Sett som nyttig. Og nødvendig.
>
> Ut fra forestillinger. Og fordringer.
>
> Om Tall. Og Ting.
>
> Som uttrykk. Og målestokk.
>
> For kvantifisert. Og konkretisert.
>
> Idioti.

Idioti.

> Sett som gudegitt.
>
> Ut fra frykt. For frukt.
>
> Ut fra uvitenhet.
>
> Og århundrers primitivitet.
>
> Som uttrykk. Og utgangspunkt.
>
> For føydalisert Idioti.

Idioti.

Forsvart. Av idioter.

Og idiokrater.

Som eleverte idioter.

Omtalt. Som «eliter».

Idioti.

Opprettholdt. Av strev og strid.

For å idealisere idioter.

Og despoter.

Som destruktive idioter.

Som symboler.

For personifisert primitivitet.

Og pervertert Idioti.

Idioti.

> Konkretisert.
> Som allment Barbari.
> Formalisert.
> Som føydokrati.
> Som form. For sivilisert Barbari.

* * *

Om irrasjonalitet.

Vi strever.

> For å bedras.
>
> Som uttrykk. For fordringer.
>
> Om Selvbedrag.

Vi strever.

> For å bedras.
>
> Som bidrag.
>
> Til allment Selvbedrag.

Vi strever.

> For å bedras.
>
> Som basis. Og betingelse.
>
> For Føydalisme.
>
> Forsvart.
>
> Av allment Selvbedrag.

* * *

Selvbedrag.

     Som form. For livsløgn.

     Sett som livsbetingelse.

     Ut fra fravær.

     Av livsutfoldelse.

Selvbedrag.

     Forsvart.

     Av foretillinger. Om overlevelse.

     Ut fra underkastelse.

     Og fravær. Av livsutfoldelse.

Selvbedrag.

> Som fordring. Om å bedras.
>
> Ut fra strev. Og strid.
>
> Som former.
>
> For Selvbedrag.

Selvbedrag.

> Som fordring. Om å fortrenge.
>
> Hva vi gjør.
>
> For å muliggjøre.
>
> Hva vi gjør.

Selvbedrag.

> Som fordring.
>
> Om å undertrykke forestillinger.
>
> Om tvang.
>
> Og undertrykkelse.

Selvbedrag.

    Som form. For flukt.

    Forkledd.

    Som strev. Og strid.

    Som former.

    For flukt.

Selvbedrag.

    Som form for flukt.

    Motivert.

    Av allmen avhengighet.

    Av en fiktiv virkelighet.

Selvbedrag.

    Som form for flukt.

    Som danner basis.

    For å beherskes. Og betvinges.

    Ut fra fordringer.

    Om fiksjon.

* * *

Vi fordrer fiksjon.

    Som basis. For å bedras.

    Ut fra strev. Og strid.

    Forsvart. Av blendverk. Og Bedrag.

    Som mytifiserer. Og muliggjør.

    Hva vi gjør.

    For å fremheve. Og forsvare. Føydalisme.

    Som formål. Og fundament.

    For hva vi gjør.

Vi fordrer fiksjon.

> Som fundament.
>
> For en fiktiv virkelighet.
>
> Forsvart. Av aggressivitet.
>
> Og grådighet.
>
> Motivert. Av fiksjon.

Vi fordrer fiksjon.

> Og fortellinger. Om helter.
>
> Som herskere.
>
> Som utgangspunkt. For fordringer.
>
> Om helter. Og herskere.
>
> Som fokus.
>
> For fortellinger.

Vi fordrer fiksjon.

> Som formål. Og fundament.

> For Føydalisme.

> Forsvart. Som føydokrati.

> Modernisert. Og maskert.

> Som form for kryptoføydalt «demonstrasjons-

krati».

* * *

«Demo-krati».

>Forkledd.

>Som en folkelig. Og forbilledlig form.

>For neoføydal strid.

«Demo-krati».

>Som form for kryptokrati.

>Fordrer forestillinger. Om «demo-krater».

>Utvalgt. Blant utvalgte kryptokrater.

>Ut fra «demo-kratisk» spillfekteri.

«Demo-krati».

>Som sosialføydal strategi.

>Fordrer forestillinger. Om «folk».

>Som forutsetninger. For folkelige fordringer.

>Om forrett. Og forrang.

>For folkelige føydale.

>Og fatale.

«Demo-krati».

Som sosialføydalt kryptokrati.

Fordrer flokker. Som «folk».

For å fallby. Og forsvare. Forestillinger om «folk».

Blant «folk».

«Demo-krati».

Som kryptoføydalt kvasikrati.

Fordrer forestillinger om «folk».

Formulert. Og formalisert.

For å forlede «folk».

«Demo-krati».

Som kvasikrati.

Fordrer «folk».

Som forsvar.

For forestillinger om føydale.

Som Mer. Enn «folk».

«Demo-krati".

    Som føydokrati.

    Fordrer flokker. Som fler.

    Som form for Mer.

    Som basis. For et slags Bandevelde.

    Forsvart. Av fler.

«Demo-krati».

    Som form. For føydalt Bedrag.

    Fordrer prunk. Og prakt.

    Og blanke biler.

    Som symboler.

    For føydalt fjolleri.

«Demo-krati».

    Som form. For Føydalisme.

    Fordrer. Og fremhever. Blendverk og Bedrag.

    Som uttrykk. For en slags logikk.

    Forkledd.

    Som «Politikk».

* * *

«Politikk».

Fremstår.

Som form. For fatal kamp.

For å fremheve. Og forsvare.

Fatale og føydale.

«Politikk».

Fremstår.

Som strev. Og strid.

Forsvart. Og opprettholdt. Av problemer.

Opprettholdt.

Som forutsetninger.

For «politisk» strev.

Og strid.

«Politikk».

Fallbyr og fornyer fiksjon.

Som informasjon.

Som uttrykk. Og utgangspunkt.

For grunnleggende. Og allmenndannende.

Diversjon.

Og manipulasjon.

«Politikk».

Fordrer og fallbyr fiksjon.

Forsvart av vold.

Og allmenn avhengighet.

Av en fiktiv virkelighet.

«Politikk».

Fordrer og fallbyr fiksjon.

For å føydalisere.

For å normalisere. Og naturliggjøre. Føydal

aggresjon.

Forsvart. Av føydal fiksjon.

«Politikk».

Føydaliserer. Og barbariserer.

Ut fra fiksjon.

Og fravær. Av forståelse.

Som utgangspunkt.

For allmenn underkastelse.

«Politikk».

Barbariserer.

Ut fra fordringer. Om allmenn underkastelse.

Forsvart.

Av forestillinger.

Om ledelse.

«Politikk».

Barbariserer.

Ut fra frykt. Og fornedrelse.

Forsvart.

Av blendverk. Og Bedrag.

«Politikk».

> Barbariserer.
>
> Som forsvar. For Føydalisme. Og parasittisme.
>
> Som former. For Bedrag.
>
> Forsvart. Av allment Selvbedrag.

«Politikk».

> Forleder. Og forblinder.
>
> Ut fra list og løgn. Knep og grep.
>
> Som former for Bedrag.
>
> Som ikke sees. Som Bedrag.

«Politikk».

> Blender og bedrar.
>
> Ut fra list og løgn. Knep og grep.
>
> Formulert. Og formalisert.
>
> Ut fra fordringer. Og forestillinger.
>
> Om «Valg».

* * *

«Valg».

> Som form for Bedrag.
> Forsvart. Av fordringer.
> Om å bedras.

«Valg».

> Som fordring. Om å bedras.
> Og betvinges.
> For å befris.

«Valg».

> Som betegnelse.
> For fordringer. Om anerkjennelse. Av
Føydalisme.
> Og fordringer.
> Om selvhevdelse.

«Valg».

> Som betegnelse.
> For fordringer. Om ledelse.
> Som utgangspunkt. For underkastelse.
> Og selvfornedrelse.

«Valg».

> Som fordring. Om frihet.
>
> Forsvart av frykt.
>
> For fravær.
>
> Av føydale.

«Valg».

> Som fordring. Om føydale.
>
> Som forbilder. Og idealer.
>
> Som kan fjernes. Og forkastes.
>
> Og erstattes.
>
> Av føydale.

«Valg».

> Som form.
>
> For å fremheve «folk».
>
> Som overhoders overhoder.
>
> Ut fra fordringer. Om forrett og forrang.
>
> For forholdsvis få.
>
> Sett som undersåtters undersåtter.

«Valg».

> Som form for Bedrag.
> Forsvart.
> Som fordringer.
> Om å bidra.

«Valg».

> Som fordring. Om å bidra.
> Som basis.
> For å bedras.

* * *

Vi bidrar.

> Og bedras.
> Som flokker. Av «folk».
> Føydalisert.
> Som undersåtter.

Vi bidrar.

> Og bedras.
> Som undersåtter.
> Ut fra fordringer. Om underkastelse.
> Som utgangspunkt. For anerkjennelse.
> Som undersåtter.

Vi bidrar.

> Og bedras.
> Som undersåtter.
> Sett som «masser».
> Med menneskeverd. Og menneskerettigheter.
> Som nyttige idioter.

Vi bidrar.

    Som idioter.

    Som idealiserer idioter.

    Pervertert. Som parasitter.

    Og psykopater.

Vi bidrar.

    Som naive idioter.

    Som fordrer overhoder.

    Som en slags idoler.

    Som idealer. Og forbilder.

    For idioter.

Vi bidrar.

    Som destruktive idioter.

    Ut fra frykt.

    For fravær og fornedrelse.

    Som utgangspunkt.

    For destruktivitet.

    Og allmenn undertrykkelse.

Vi bidrar.

Som primitive idioter.

Uten å forstå.

Ut fra fravær. Av fordringer.

Om å forstå.

Vi bidrar.

Uten å forstå.

Ut fra fordringer. Om å fortrenge.

For å befris. Og frigjøres.

Uten å forstå.

Vi bidrar.

> Ut fra angst. Og uvitenhet.
>
> Som utgangspunkt. For underdanighet.
>
> Og allmenn avhengighet.
>
> Av destruktivitet.
>
> Som uttrykk.
>
> For pervertert primitivitet.

Vi bidrar.

> Ut fra uvitenhet. Og primitivitet.
>
> Som uttrykk. Og utgangspunkt.
>
> For allmenn avhengighet.
>
> Av føydal irrasjonalitet.

* * *

Irrasjonalitet.

    Uttrykt. Som allment strev.

    Opprettholdt. Av alltid ufullstendige forestillinger.

    Og aldri endelige fordringer.

    Om Mer.

Irrasjonalitet.

    Som fordringer. Om Mer.

    Ut fra forestillinger.

    Opprettholdt. Av fordringer.

    Om Mer.

Irrasjonalitet.

    Som fordringer.

    Om Ting. Og Tall. Som Tegn.

    For allmenn avhengighet.

    Av uoppnåelige fordringer.

    Om Mer.

Irrasjonalitet.

    Utbredt.

    Som alles kamp. Mot alle.

    For å overleve.

    Ut fra vold. Og vandalisme.

Irrasjonalitet.

    Opprettholdt.

    Som alles kamp mot alle.

    Forsvart. Som Føydalisme.

    Som fordringer. Om selvhevdelse.

    Sett som livsbetingelse.

Irrasjonalitet.

    Forkledd.

    Som Føydalisme.

    Som fordringer om forfall. Frykt. Og fornedrelse.

    Som uttrykk. Og utgangspunkt.

    For selvhevdelse.

Irrasjonalitet.

    Forsvart.

    Som Føydalisme.

    Som betegnelse. For kriger. Krasj. Og kriser.

    Som uttrykk for frykt.

    Og fordringer. Om selvhevdelse.

Irrasjonalitet.

     Maskert. Som Føydalisme.

     Som uttrykk. For primitivitet.

     Pervertert.

     Som destruktivitet.

Irrasjonalitet.

     Uttrykt. Som destruktivitet.

     Som fordringer om «makt». Og Mer.

     Som former. For primitivitet.

     Forsvart.

     Av destruktivitet.

Irrasjonalitet.

     Forsvart.

     Av århundrers vold. Og Vanvidd.

     Som former.

     For destruktiv irrasjonalitet.

* * *

Destruktivitet.

    Som hva vi gjør.

    For å forsvare. Hva vi gjør.

    Ut fra grådighet.

Destruktivitet.

    Som hva vi gjør.

    Ut fra frykt.

    Som øker. Med økt avhengighet.

    Av aggressivitet. Og grådighet.

Destruktivitet.

    Som hva vi gjør.

    Ut fra primitive forestillinger.

    Og destruktive fordringer.

    Opprettholdt.

    Av hva vi gjør.

Destruktivitet.

      Motivert. Av «makt».

      Og fordringer om Mer. Enn Mer.

      Som utgangspunkt.

      For aggressivtet.

      Intensivert. Og pervertert.

      Som destruktivitet.

Destruktivitet.

      Forsvart. Av vold.

      Og fordringer. Om Voldsvelde.

      Opprettholdt. Av flokker.

      Og former. For Bandevelde.

      Som uttrykk.

      For føydalisert destruktivitet.

Destruktivitet.

      Korrumpert. Som Barbari.

      Som form for destruktivt Idioti.

      Opprettholdt.

      Av ikke-intelligent strev.

      Og strid.

Destruktivitet.

    Som form for irrasjonalitet.

    Inneholder iboende aspekter.

    Av Selvdestruktivitet.

Destruktivitet.

    Som form. For Selvdestruktivitet.

    Omfatter fordringer. Om destruktivt strev.

    Og selvdestruktiv strid.

    Som uttrykk.

    For selvdestruktiv irrasjonalitet.

* * *

Selvdestruktivitet.

       Utttrykt. Og utbredt.

       Som vold. Og Vanvidd.

       Som verdenskriger. Og kalde kriger.

       Og fordringer. Om altutslettende «makt».

       Som uttrykk. For frykt.

Selvdestruktivitet.

       Fordrer frykt.

       Som utgangspunkt. For allment strev.

       Og allmenn selvdestruktivitet.

       Som uttrykk.

       For en slags lemenlogikk.

Selvdestruktivitet.

> Forkledd. Som Føydalisme.
>
> Og føydal aggressivitet.
>
> Som fordringer.
>
> Om anerkjennelse. Og aksept .
>
> Av allmenn underkastelse.
>
> Og Selvdestruktivitet.

Selvdestruktivitet.

> Forsvart.
>
> Av føydale fordringer. Og føydal primitivitet.
>
> Som utgangspunkt.
>
> For global grådighet.
>
> Og globalisert Selvdestruktivitet.

Selvdestruktivitet.

> Opprettholdt.
>
> Av oppdiktede forestillinger.
>
> Som uttrykk. Og utgangspunkt. For uvitenhet.

Og primitivitet.

> Forsvart.
>
> Av blind. Og blåøyd. Naivitet.

Selvdestruktivitet.

    Oppstått. Og opprettholdt.

    Ved hva vi gjør.

    Som uttrykk.

    For selvfornyende Selvdestruktivitet.

Selvdestruktivitet.

    Forsvart. Av aggressivitet.

    Og grådighet.

    Som former. Og forutsetninger.

    For selvforsterkende Selvdestruktivitet.

Selvdestruktivitet.

    Forsvart. Av irrasjonalitet.

    Og former for Vanvidd.

    Som utgangspunkt. For sammenbrudd.

    Fremkalt.

    Av allment strev.

Selvdestruktivitet.

> Opprettholdt.
>
> Ved hva vi gjør.
>
> Uten å forstå. Eller ville innse.
>
> Hva vi gjør.

Selvdestruktivitet.

> Videreført. Og virkeliggjort.
>
> Ved hva vi gjør.
>
> Ut fra fravær. Av reelle forestillinger.
>
> Om hva vi faktisk gjør.
>
> Og hvordan. Vi faktisk bidrar. Og bedras.
>
> Som basis.
>
> For allmenn Selvdestruktivitet.

Selvdestruktivitet.

> Fordrer. Og forsterker.
>
> Former for irrasjonalitet. Og primitivitet.
>
> Som uttrykk. For livstruende Idioti.
>
> Forsvart.
>
> Av destruktivt. Og degenerativt strev.
>
> Og strid.

Selvdestruktivitet.

> Korrumperer.
>
> Som uttrykk. For absurd. Og absolutt
irrasjonalitet.
>
> Forsvart av frykt.
>
> Og Mindreverdighet.

Selvdestruktivitet.

> Forleder. Og fornedrer.
>
> Som uttrykk. Og utgangspunkt.
>
> For avhengighet.
>
> Av forfall. Og forsøpling.
>
> Og allmenn Selvdestruktivitet.

Selvdestruktivitet.

> Fremstår. Som for for Selvbedrag.
>
> Som fordring. Om å bedras.
>
> Og befris.
>
> Ut fra selvdestruktivt strev.
>
> Og strid.

Selvdestruktivitet.

> Fordrer former for Selvbedrag.
>
> Som basis. For Føydalisme.
>
> Forsvart. Av frykt og fornedrelse.
>
> Og århundrers Selvdestruktivitet.

Selvdestruktivitet.

> Fordrer former for Bedrag.
>
> Som fordringer. Om å fornye. Og forsvare.
>
> En fiktiv. Og primitiv. Virkelighet.
>
> Som utgangspunkt.
>
> For aggressivt. Og selvdestruktivt strev.

* * *